Inhalt

Virtuelle Weiterbildung - E-Learning im Trend?

Kernthesen

Beitrag

Fallbeispiele

Weiterführende Literatur

Impressum

GENIOS WirtschaftsWissen Nr. 09/2007 vom 12.09.2007

Virtuelle Weiterbildung - E-Learning im Trend?

I.Lukmann

Kernthesen

- Eine wichtige Voraussetzung für nachhaltigen Unternehmenserfolg ist die Aus- und Weiterbildung der eigenen Mitarbeiter.
- Dabei sollen Mitarbeiter zeitnah und bedarfsgerecht weiterentwickelt werden, so dass das erlangte Wissen vom Mitarbeiter Just in Time angewendet werden kann. Wissen für zukünftige Bedarfe (Just in case) sind dagegen für Unternehmen weniger attraktiv.
- Dabei ersetzt das so genannte E-Learning zunehmend klassische Lernmethoden. Diese Form der Weiterbildung findet immer

häufiger am eigenen PC statt. Hierfür werden verschiedene webbasierte Lerntools verwendet.

Beitrag

In der heutigen Arbeitswelt wird die Weiterbildung unter dem Schlagwort lebenslanges Lernen immer wichtiger. Dabei findet die Weiterbildung nicht mehr ausschließlich in Schulungsräumen oder Klassenzimmern statt: virtuelle Lernplattformen auf denen elektronische Lernprogramme zur Verfügung stehen sind auf dem Vormarsch.

Die Weiterqualifizierung von Mitarbeitern ist für die Bildungsverantwortlichen in den Unternehmen sehr wichtig. Bislang galt E-Learning dabei als kostengünstige Methode zur Weiterbildung von Mitarbeitern. Nunmehr steht nicht mehr die technische Umsetzung im Vordergrund der virtuellen Weiterbildung, sondern das didaktische Konzept, das hinter diesen Lernplattformen steckt. (11)

Was wird unter E-Learning verstanden?

Unter dem Begriff E-Learning werden allgemein am PC umgesetzte Methoden zur Weiterbildung verstanden. Diese werden durch Informations- und Kommunikationstechnologien unterstützt. Hierzu gehören beispielsweise das Computer Based Training (CBT) sowie die intra- oder internetbasierten Lernplattformen des Web Based Training (WBT). Der Aufbau solcher Lernplattformen erstreckt sich neben den Lerninhalten auch auf fachbezogene Chatrooms, virtuelle Klassenräume oder Foren sowie Audio- oder Videomaterialien, die eine bildhafte Wissensvermittlung unterstützen. Dies fördert die Aufnahmefähigkeit und reduziert die Komplexität der Lerninhalte. Wissen kann so interaktiv vermittelt werden und auf diese Weise nachhaltiger wirken, als dies eventuell in Seminaren oder im Frontalunterricht der Fall ist. Das Wissensnetz des Mitarbeiters wird dadurch kontinuierlich erweitert.

Das sich E-Learning als neue Lernform etabliert hat, kann man daran erkennen, dass inzwischen viele E-Learning-Kurse angeboten werden. Angeboten werden Themen aus den verschiedensten Bereichen: BWL-Basiskurse oder auch spezielle Führungsthemen sind über Internetportale bzw. -plattformen wählbar. Das E-Learning stellt dabei eine einfache Form dar, sich schnell, effizient und nicht ortsgebunden weiterqualifizieren zu können. [(2)](), [(5)](), [(7)](), [(8)](), [(9)](), [(11)](), [(12)]()

Umsetzung des E-Learnings in Unternehmen

Viele Unternehmen setzen E-Learning beispielsweise dafür ein, bestimmte sicherheitsrelevante Themen oder Gesetzesänderungen an ihre Mitarbeiter weiterzuvermitteln bzw. sie mit diesen Themen vertraut zu machen. Durch elektronische Schulungen werden diese Informationen zeitgleich an viele Mitarbeiter weitergegeben. Abschließende Testfragen ermöglichen zusätzlich einen beidseitigen Nachweis, dass die Mitarbeiter bestimmte Kenntnisse erlangt haben oder bestimmte Vorschriften kennen. (1), (2)

Grundsätzlich sollten bei Unternehmensentscheidungen zur Umsetzung von virtuellen Weiterbildungsplattformen einige Punkte berücksichtigt werden:

-Technische Überlegungen zur Umsetzung eines E-Learning-Tools
-Aufklärung und Sensibilisierung der Mitarbeiter für das Thema E-Learning
-Hervorhebung der Bedeutung und Zielsetzung des E-Learnings (Änderung der Lernkultur)
-E-Learning-Konzept: Inhalte und Themen werden in

Abstimmung mit dem Unternehmensbedarf oder der Aktualität bestimmter Themen und Entwicklungen eingesetzt
-Die Umsetzung kann zunächst durch ein Pilotprojekt erfolgen. (10)

Vorteile des E-Learnings für Unternehmen

Unternehmen können, aufgrund von dadurch entstehenden Personalengpässen, häufig ihre Mitarbeiter nicht zu längeren Schulungen oder Weiterbildungsprogrammen schicken. Hierfür sind E-Learning-Modelle sehr hilfreich. Da E-Learning-Kurse sind zeit- und ortunabhängig. Ohne die Einsparung personeller Ressourcen kann so in Summe sogar mehr Weiterbildung geschaffen werden als dies über Präsenzseminare der Fall wäre. Hinzu kommt, dass die Inhalte auf E-Plattformen mehrfach verwendet und auf diese Weise für viele Mitarbeiter nutzbar gemacht werden können. Letztlich kann Wissen genau dann weitervermittelt werden, wenn es im Unternehmen gerade tatsächlich benötigt wird. (10)

Variante Blended Learning

Blended Learning ist eine kombinierte Lernstrategie, die Präsenzseminare und Online-Lernmodule miteinander kombiniert. Das dabei integrierte Lernkonzept wird durch die Möglichkeiten des Internets, technischer Plattformen sowie klassischer Lernformen unterstützt. Einzelne Lernkapitel werden zum Beispiel auf der virtuellen Ebene erarbeitet und anschließend in einem Chatroom oder im Präsenzseminar mit den anderen Kursteilnehmern besprochen.

Die Kombination aus beiden Varianten trägt dem menschlichen Bedürfnis nach Gemeinschaft Rechnung. Andererseits ermöglicht es eine effiziente Ausgestaltung von Lernelementen, die im Selbststudium im eigenen Lerntempo erarbeitet werden können. Der Lernstoff wird in der Regel in überschaubare Lerneinheiten zerteilt und kann so für den Nutzer überschaubarer gestaltet werden. Eine Verknüpfung dieser beiden Varianten verspricht laut vieler Bildungsexperten sehr gute Lernergebnisse. (1), (5), (6), (11), (12)

E-Learning Coach

Das Fraunhofer-Institut hat einen so genannten E-Learning Coach (eCoach) entwickelt. Dieser persönliche Coach steht dem Nutzer im E-Learning-Prozess zur Verfügung. Der eCoach unterstützt den Lernenden durch in das System integrierte psychologische Verhaltensmodelle bei der Erreichung seiner Lernziele. Dabei interagiert der eCoach mit dem Nutzer, indem er auf dessen Kommunikationsverhalten eingeht. Das heißt, dass der eCoach sein System anschließend nach diesen ermittelten Informationen ausrichtet und somit seine Reaktionen dynamisch auf die Besonderheiten des Lernenden ausrichten kann. Diese Personalisierung des eCoachs soll die Motivation nachhaltig verbessern. So kann der eCoach beispielsweise auch Trainingserfolge des Nutzers belohnen. Diese können unterschiedlich ausfallen: Jugendliche erhalten zum Beispiel kostenlose Klingeltöne, Erwachsene zum Beispiel Kinogutscheine. (3)

Fallbeispiele

MAN bildet 30.000 Mechaniker weltweit über eine auf MAN zugeschnittene internetbasierte Lernumgebung der ICPM (Intuitives Collaborations- und

Produktions-Management) weiter. Die darin integrierten E-Learning-Kurse stammen vom Anbieter CBTL aus München. Die Schulungen der Mechaniker werden weltweit von München aus gebucht und organisiert. Voraussetzung für die globale Umsetzung war eine unicode-fähige Plattform. Das heißt, dass die Lerntools in den verschiedenen Muttersprachen in den verschiedenen Ländern zur Verfügung gestellt werden konnten. Die Lernerfolge werden von der Personalabteilung der MAN sorgfältig überprüft. Die Nutzer können jederzeit mit den gebuchten Kursen arbeiten oder diese auch als Nachschlagewerke nutzen. Viele der Onlinekurse sollen die Mechaniker auch auf Präsenzseminare vorbereiten, die von der MAN angeboten werden. Zurzeit sind dies 114 verschiedene Seminare, die von etwa 70 Trainern gehalten werden. (1)

Weiterführende Literatur

(1) Wieder mehr Geld für E-Learning
aus Computerwoche, 31.08.2007, Nr. 35 Seite 24-25

(2) Microsoft gibt E-Learning-Kurse in fremde Hände
aus "Computerwelt" Nr. 5 / 2007 vom 07.03.2007

(3) Elektronischer Trainer hilft beim Lernen Ein ganz persönlicher Coach steht jetzt Nutzern von so genannten E-Learning-Systemen zur Seite ...

aus COMPUTER-INFORMATIONS-DIENST vom 17.Januar 2007

(4) Wunsch nach passgenauen Lösungen
aus VDI NR. 35 VOM 01.09.2006 SEITE 29

(5) Technik und Didaktik - eine nicht ganz makellose Ehe
aus VDI NR. 35 VOM 01.09.2006 SEITE 29

(6) Schwerer Stand für E-Learning: Geschult wird was geschäftsrelevant und sofort messbar ist
aus "Computerwelt" Nr. 29-30 / 2004 vom 07.07.2004

(7) E-Learning auf dem Vormarsch
aus COMPUTER-INFORMATIONS-DIENST vom 13. Februar 2004

(8) Rechnet sich E-Learning?
aus Computerwoche, 08.12.2006, Nr. 49 Seite 37

(9) E-Learning: Nur wenn?s der Firma nützt
aus Computerwoche, 03.02.2006, Nr. 5 Seite 42

(10) Wie bringt man E-Learning in den Mittelstand?
aus MM MaschinenMarkt Nr. 36 vom 04.09.2006 Seite 114

(11) E-Learning: Fixpunkt im Bildungsmix
aus Die Bank, Heft 03/2006, S. 82-84

(12) Modulare Lehrsysteme - E-Learning unter Berücksichtigung von Standards für Inhaltsentwicklung

aus ZWF - Zeitschrift für wirtschaftlichen
Fabrikbetrieb, Heft 11/2004, S. 659-662

Impressum

Virtuelle Weiterbildung - E-Learning im Trend?

Bibliografische Information der deutschen Nationalbibliothek

Die Deutsche Nationalbibliothek verzeichnet diese Publikation in der deutschen Nationalbibliografie; detaillierte bibliografische Daten sind im Internet über http://dnb.d-nb.de abrufbar.

ISBN: 978-3-7379-0201-4

© 2015 GBI-Genios Deutsche Wirtschaftsdatenbank GmbH, Freischützstraße 96, 81927 München, www.genios.de

Alle Rechte vorbehalten. Dieses Werk ist einschließlich aller seiner Teile – z.B. Texte, Tabellen und Grafiken - urheberrechtlich geschützt. Jede Verwertung außerhalb der Grenzen des Urheberrechtsgesetzes bedarf der vorherigen Zustimmung des Verlags. Dies gilt insbesondere auch für auszugsweise Nachdrucke, fotomechanische Vervielfältigungen (Fotokopie/Mikroskopie), Übersetzungen, Auswertungen durch Datenbanken oder ähnliche Einrichtungen und die Einspeicherung und Verarbeitung in elektronischen Systemen.